U0932005

靈修著作精選

凡事信靠：詩篇二十三篇

簡．約翰遜 著

李小釧 譯

▼

靈修著作精選

凡事信靠：詩篇二十三篇

Trusting God for Everything
Psalm 23

作者
簡・約翰遜 Jan Johnson

譯者
李小釗

責任編輯
羅慧琪

裝幀設計
奇文雲海・設計顧問

■

出版／發行
基道出版社
香港沙田火炭坳背灣街 26 號富騰工業中心 10 樓 1011 室
LOGOS PUBLISHERS
Unit 1011, 10/F, Fo Tan Ind. Centre, 26 Au Pui Wan St., Shatin, Hong Kong
電話：(852) 2687-0331　傳真：(852) 2687-0281
網址：https://www.logos.com.hk

承印
雅聯印刷有限公司

●

10/2014 初版
Cat. No. LP653A
ISBN: 978-962-457-490-6
This edition issued by contractual arrangement with NavPress,
a division of The Navigators, U.S.A.
Originally published by NavPress in English as
Trusting God for Everything: Psalm 23,
copyright 2011 by Jan Johnson.

Printed in Hong Kong

刷次	10	9	8	7	6	5	4	3	2	
年份	2034	2033	2032	2031	2030	2029	2028	2027	2026	2025

目錄

若你只有時間做三課默想，你可選擇有星號 * 的那幾課（或你另作選擇）。

前言

為甚麼退修？
為上帝騰出空間

在這個時代，當日常生活，甚至度假、旅行和海上假期的特色，都是那些緊迫的行程之時，一天的退修就是邀請我們休息，滋養心靈。耶穌說：「我就使你們得安息」，而且祂渴望那樣做（參太十一 28）。作為安息日的延伸，退修更新我們；我們在其中經歷獨處，以較緩慢的節奏作息，讓上帝有更多空間與我們互動。

世世代代的基督徒都有退修，一如耶穌也經常退修（參太四 1～11，十四 13、23，十七 1～9，二十六 36～46；可六 31；路五 16，六 12）。現行離家留宿的模式，是由非常忙碌的基督工人（那些勤奮的耶穌會會士）開始的，他們需要停下來，反省他們自己的生命。他們退修，有時是一或兩天；有時則長達三十天或以上。

退修是一種態度，也是一個特定的活動和場合。只要你熟習了，即使在公園裏的一個早上，也可以是退修。你學習放下怕自己會悶倒或寂寞的擔憂。你讓自己被吸引，因上帝以你意想不到的方式與你有奇妙的互動；你讓自己平靜下來，因你得到長久以來所需要的休息。

退修不是甚麼

退修不是工作。它是個休息和反省的神聖空間。你的目標不是要**讀畢**聖經的段落。反之，透過深深進入只是其中一些經文，你會因著經文怎樣對你的生命説話，與上帝互動。你的目標，不是要回到家裏的時候，覺得自己**完成了**甚麼。這退修不是關乎你能夠**做**甚麼。它關乎平和地與上帝互動，並認識上帝真實的本性更多。你相信上帝單單因你自己本身而愛你嗎？還是你需要**做**些甚麼才能被愛？

這退修的重點，是幫助你與上帝建立關係。一段關係包含恆常、親身的互動，持續的聯繫和共同的生命經歷。你將會更深入（但也平和地）體會到，如保羅很喜歡說的，「在上帝裏」或「在基督裏」的生命是甚麼意思。

退修不是不間斷的查經課。我們用經文作為聯繫上帝的重要接觸點，好在每一課與上帝有真正的交談。這個過程以「靈閱」（*lectio divina*）進行，人們以禱告的心閱讀聖經，這方法沿用了多個世紀。今天人們常常以自我引導的努力，把聖經應用在他們身上，彷彿是要透過他們自己的力量去糾正自己。在這退修裏，我們來到聖言（Word）跟前被「聖靈所指教」（林前二 13），這可能是糾正，也可能不是，但正正是我們需要知道的東西。這樣的對話，對於在基督裏的生命是必須的。

在這些交談中，聖靈會指導你，藉著「問你一些你從沒有想過的問題，挑戰你以一些新角度思考，帶給你非常有用的事物來喚起你的想像，以及讓你先按幾個想法作嘗試，然後才引導你了解手頭上問題的真實本質」。[1] 準備經歷被聖靈牽引，以致你不會不時「說上帝的說話就停在那裏了，而你開始憑直覺思考」。[2] 偶爾，你會受誘惑開始離開原本的思路，這有時是個好主意，但其他情況下卻打擾你與上帝的交談。如果你是那種常常離開原本的思路的人，請忍耐一會，繼續專注你面前的事。看看有甚麼事發生。如果你不會常常離開原本的思路，但現在卻有這種衝動，先處理它吧。

退修時，帶一本記事簿，甚麼類型的都可以——一本線圈筆記本或者任何小本子也可以——假若本書的空白位置不夠你書寫。在這本指引或記事簿上書寫，不是你要做或完成的事情；這是一個方法，讓你以具體的方式與上帝對話。不要**嘗試**寫日誌；只是寫下在你腦海中出現的東西。

不要期望自己回家時會成為不一樣的人。你可能會的，但不是你起初所察覺的那樣。事實上，你可能會在回家後幾天，才察覺到自己內在的改變。但不要刻意尋找。讓上帝向你顯示你所需要知道的。

不要因為退修聽起來似是時興的屬靈事物而去做。退修，只是因為你被牽引而這樣做。留心你裏面有甚麼推動著你。你可能被疲累所牽引。你可能被一個想與上帝同在的渴望所牽引。你可能被一些自己不完全明白的理由所牽引。如果你退修，只是因為有人告訴你，你應該這樣做，那可能會惹起怨恨，干擾你退修的體驗。

一個稱得上成功的退修，在我們「盡量不抱期望，活動也盡量簡單的時候出現。當我們期望我們的〔退修〕高度『屬靈』時，它便會成為另一件我們要做的事，延續一種對生產力的執迷，就如在我們的文化中常見的那樣」。[3]

時間多長？

如果你想個人退修，但不清楚怎樣做，可以每星期一次，在公園花一個早上開始。習慣這樣做，直至你愛上這樣做，而且渴望更進一步。你可以使用這本指引，每星期做一課。當你準備好要去一次過夜的退修，為此行計劃，寧可太短也不要太長（但至少二十四小時）。要令你在離開時，恨不得留下來的時間可以再長一點的。這樣，你便會準備好再去退修。

如果想在一天的退修中用這本指引，你只需要最多三課。從目錄中列出的七課中選取，或許是旁邊記有星號（*）的那幾課。選擇最吸引你的那幾課。

如果你去一個時間較長的退修，每天只要完成兩至三課，除非你覺得精神大振，準備好專心一意地去做。你不會在這些退修課中與上帝好好互動，除非你已經騰出足夠的空間活在其中，且休息充足。所以不要匆忙，但也不要發悶。普遍而言，在早上、下午和晚上與上帝接觸，都是合宜的。不過，如果你覺得疲累，便跳過下午那一課，小睡片刻，或者跳過晚上那一課，只在門廊坐下。

如果你有時間完成全部七課，隨意跳過某幾課，重做讓你從中感受到上帝特別跟你說話的幾課。事實上，「重覆」（“repetitions”；即重做一課）是一種常見的退修練習，而第二次做的體驗往往會比第一次更好。

這些退修課不是研習課，反是與上帝交談的時間。任何時候你覺得有需要，可隨意停下來寫東西或者思考。一課的時間，請不要超過九十分鐘。如果你疲累，你可能發現即使短至三十至四十五分鐘，也會令你累透。看看怎樣做才最適合你。

如果你被這書以外的一段經文所吸引，稍停一下，問問自己為甚麼。是否有某些東西令這段經文吸引你，而不是因上帝的指引？（譬如，你要向人講授那段經文，或者要做有關那段經文的習作。）如果你感覺到，這明確是上帝正引導你，以默想的方式讓自己繼續沉浸在經文中。

當你做完一課，可隨意發揮創意，做一些這本指引沒有提出的事情。你會留意到，有時候你會被要求慢慢地閱讀經文。你正在退修，所以你可以慢慢來、慢慢讀。讓文字在你裏面沉澱下來。有時候，你會被要求大聲朗讀經文。讓你的耳朵聽到那些文字，以致你彷如初次聽到一般。這些就是你**所愛的**那位給你的文字。珍惜每一個字。嘗嘗且看看，上帝是美善的。

這本指引中留有空白位置，給你寫下你的答案。這樣編排的一個原因，是若你把東西寫下來，而不只是在腦海裏混亂地思考，你的思考會更清晰。另一個原因是，你回家一段時間之後，可以再思想你的退修體驗。

課與課之間

緩慢地開始你的一天，然後一整天都緩慢地活動。即使你去遠足或者走路，也慢慢來。緩慢地吃早餐。盡量不要靠時鐘生活。深深地呼吸，感受你身邊的每種顏色、聲音和質感。

做完第一課後，聆聽你裏面有甚麼事情發生。你可能需要：

- ◇ 小睡片刻。
- ◇ 做一些動態的事，例如散步、遠足、游泳，或者做些令人放鬆的運動。

◇ 只是坐著和凝視。試試「坐在門廊」，期間不去思考任何特定的事情。如果可以的話，找個地方觀看雀鳥和樹木，也為自己帶點飲料和一本空白的拍紙簿。你不一定要寫任何東西，但如果你想寫，便準備好。或者你可能想泡個按摩浴。

◇ 做一些具創意的事情。你可能想帶些美勞用品（甚或帶一本藝術作品的複製圖冊來看看）、一件樂器、一副望遠鏡來觀鳥，或者你親手做手工（木工、針黹、珠飾）所需的材料。關於這類手工的工作：你千萬不要嘗試完成甚麼作品，而且不要令它成為你心理的負擔（因為你的心靈一定要毫無拘束，才可休息，在你可能從上帝那裏聆聽到的東西之中停留）。你做這活動，是為了娛樂。

◇ 閱讀不嚴肅、助人默想的書籍。你可以帶以往曾幫助你的、你喜愛的一些雜誌文章，或者上帝曾透過它跟你說話的書籍。重讀那些下面劃了線的部分。不要帶偵探小説，或一些會佔用你全副精神的書籍。

◇ 使用敬拜音樂，但緊記要多多享受寧靜。

因為你正讓自己的心靈休息，所以這些課與課之間的時刻，會提供「連線」的空間，從你所缺乏的東西，連繫到你所需要的東西。多個想法會聯合起來，而且你會對你所得著的感到意外。這個休息的時段會為你創造空間，去聆聽上帝。

為你的（這些）日子建立一個規律，其中包括休息、祈禱時段、坐下來凝視的時間、玩樂的時間（散步、遠足、動手做手工、翻看藝術書籍；避免玩電子遊戲）。大量休息。深入地觀看你周圍的一切事物。以同樣方式結束你的一天，例如用某段禱文，或凝望星星。

集體退修

三或四人可能會想一起退修，在同一個地點留宿

（有不同房間讓人睡覺和只是待在那裏的），每天聚會數次。這做法可以有所變化，幾個人於退修中心，或者是一班男生的釣魚行程。所有人都應該對獨處時間和聚會的時間有所共識。

一起做的退修課，可以包括以下一或兩項：

◇ 討論獨處時間所發生的事情，他們如何聽見上帝的聲音；這可能包括讀出他們在記事簿寫下了的東西。
◇ 用膳時間。
◇ 在傍晚聚在一起，但也是安靜的，可能各自閱讀，或做美術勞作，或處理營火。
◇ 就寢前，一起做晚禱。

參加者應該守護彼此的安靜，盡力不要打擾別人，尊重上帝對我們每個人說話的能力。

預備你的退修

開始收集你需要的東西，特別是遠足裝備，以及讓你發揮創意的東西。你可能想帶任何你有的，取材自詩篇二十三篇的音樂錄音。為上帝在這次退修可能要怎樣培育你祈禱。請關心你的人在你離開時為你祈禱，特別是如果你常常因憂慮或懊悔而苦惱。依靠上帝的幫助，去放開那些東西。

選擇退修地點

以下是兩個要考慮的重要問題：

- ◇ 你想自行安排膳食，獨自進餐（一個僻靜的地方或退修中心的隱居處），抑或你寧願到退修中心，在那裏與其他人一起享用每天三餐？
- ◇ 你想參與哪種體能活動（遠足、泡按摩浴、垂釣）？

退修中心比度假消閒中心為佳，因為退修中心主張安靜。它可能會有：

- ◇ 一個由修士或修女組成的崇拜羣體，他們邀請你參與一整天裏某些短的日課（聚會）；
- ◇ 你可能很享受打理的一個壁爐；
- ◇ 若你想就可以彈奏的一架鋼琴；
- ◇ 一位屬靈導師（如果有，預先作安排，也讓導師知道你選擇了的題目，以及你想多久約見一次）。

我不可以在家退修嗎？

到外面能帶你遠離令你分心的事物，給你一種不一樣、更放鬆的心態。如果你絕對不能離開（即使只是花一個早上到公園），移走所有令你分心的東西（關掉電話；不要開電腦或電視；不要應門）。帶齊一切你所需要的東西，走到你屋子或樓房裏的一個地方，這個地方是不會令你想起工作和分心的。在那房間燃點一枝蠟燭，可能幫助你安靜自己和集中。

如果你在家獨處的時間不多，或許會想於每星期只做一課。若是如此，嘗試在每個星期的同一天及同樣時間做那課。這樣可以在你的生活中建立一個退修的規律。

再次回家、回到家庭和社羣

在你離開退修的地方之前，稍停一下。為這段充裕的時間，感謝上帝。你快回到家時，開始想像可能在那裏的人，他們需要從你得到甚麼，而你將要做的工作是甚麼。為這些人感謝上帝，求上帝幫助你迎接他們。當你一到達，盡可能保持緩慢地活動。

隨著日子過去，繼續記錄你在退修時吸收到的想法。重讀你的記事簿。

記下對你的個人退修起了良好的作用的東西（地點、環境、時間），好讓你下次退修更自然地在上帝裏面休息。

─默想1─

上帝真的供應我所需的一切？

詩二十三1；結三十四11～12

詩篇給我們一幅圖畫，描繪我們此地此刻、每天居於上帝國度時會是怎樣的。那滿溢的生命不是只於將來存在，而是現在亦然：「上帝的國就在你們心裏」（路十七21）。如此連繫於上帝的生命，推動我們朝向成為生活裏有喜樂和感恩的人，能夠祝福仇敵（難以相處的人），付出多一點，抱著目標清晰的意向生活，放下驕傲，而且從不論斷。[1] 這是人類本應活出的生命。在耶穌眾多「牧羊時刻」當中，祂說過：「你們這小羣，不要懼怕，因為你們的父樂意把國賜給你們。」（路十二32）這種在上帝國度裏的生命，是在上帝裏有信心的生命。

向上帝的信息開放

找一個舒適怡人的地方安頓下來，那裏不會出現令人分心的事物。

為甚麼你做這次退修？現在在你的生命裏，你最需要從上帝得到甚麼？現在你最需要從上帝了解甚麼？

生命中有甚麼時候，讓你確信自己並非擁有你所需要的一切？交出幾個隨意的答案（當我看見超出自己預算的新車、或手袋、或假期計劃），以及幾個認真的答案（沒有工作了；剛巧需要藥物治療但負擔不起）。請盡可能誠實地回答。

沉浸於上帝的信息裏

背景：信心詩篇——很多詩篇都是感恩的詩篇，是從危機中被解救出來之後所寫成的，但信心的詩篇「距離危機更遠，而且帶來更多反思。它們一般講述一段與耶和華的關係，是在**每次**面對危難時都絕對可靠的……這些詩篇的講者無法想像到，有一個情況會引起疑惑或困難，足以影響這種信靠。這關係經過嚴格的考驗，而耶和華已經顯示祂自己是極可信賴和大有能力的。那是該受頌揚的」。[2] 這些信心的詩篇裏，詩人聽取上帝所說的，並從他們的深處把上帝的話化成自己的說話。這本指引單單集中看詩篇二十三篇，因為它是一篇信心的詩篇。

閱讀聖經經文之前，為了安靜自己，集中思緒，慢慢讀出這段文字：

> 在默想中，我們是根據上帝的應許，讀所選的經文，相信這段經文無論對我們個人今天的生

活，還是我們作為信徒整體，都有特別體己的
意義。[3]

非常緩慢地大聲朗讀以下經文，因為我們可能很熟悉這段經文，會想匆匆把它讀完。

耶和華是我的牧者，
我必不致缺乏。
他使我躺臥在青草地上，
領我在可安歇的水邊。
他使我的靈魂甦醒，
為自己的名引導我走義路。
我雖然行過死蔭的幽谷，
也不怕遭害，
因為你與我同在；
你的杖，你的竿，都安慰我。
（詩二十三 1～4）

主耶和華如此說：看哪，我必親自尋找我的羊，將牠們尋見。牧人在羊羣四散的日子怎樣尋找他的羊，我必照樣尋找我的羊。這些羊在密雲黑暗的日子散到各處，我必從那裏救回牠們來。（結三十四 11～12）

上主是我的牧者，我一無缺乏。
（詩二十三 1；《現代中文譯本修訂版》〔下稱《現修》〕）

再次閱讀經文之前，思想：

語境：上帝為牧人，這是聖經裏為人熟悉的形象（參詩七十九 13，八十 1；賽四十 11；耶二十三 3～4）。這牧人的形象也為耶穌所用、又應用於祂身上，這就是為甚麼將詩篇二十三篇的意思轉移到耶穌身上亦是合適的（參約十 11、14、27～30；來十三 20；彼前二 25，五 4；啟七 17）。

背景：閱讀這篇詩篇時，想像一下牧人的工作是怎樣的。

- ◇ **羊的保護者**：牧人為羊抵擋野狗、美洲獅和偷羊賊。牧人也提供遮擋狂風暴雨和暴風雪的避難所，保護羊免受環境傷害。
- ◇ **糧食和潔淨的水（而非不流動、渾濁的水）的供給者**：牧人照管食物的供應，領羊到牠們可找到足夠青草地之處，而不是把牠們留在光禿禿、只有泥土的原野。
- ◇ **醫生**：牧人為羊料理傷口和醫治疾病，也得時刻保持警覺，以找出牠們的傷患。
- ◇ **紀律執行者**：牧人監視羊與羊之間的爭鬥，保護當中細小或受了傷的。
- ◇ **拯救者**：羊走迷或者在危險之處徘徊時，牧人一定會堅持不懈地搜尋牠。為了拯救羊，搜尋可能包括要爬到夾縫中，或者走近毒蛇 。
- ◇ **陪伴者**：牧人與羊羣同行，也行走在羊羣之中，認識牠們的名字。不同牧人的羊可以置於同一個羊圈裏，因為牧人走到羊圈，呼喚他或她的羊時，只有那個牧人的羊會走過來。

◇ **快樂的管理員**：談到上帝是牧人，凱勒（Phillip Keller）寫道：「對祂而言，看見祂的羊在祂的照顧下滿足、飽足、安全和健壯成長，沒有事情比這個帶來更大的回報、更深刻的滿足感。這正正就是祂的『生命』。祂為那些屬祂的擺上自己。」[4]

相比一個粗心大意、自私，會令羊苦苦掙扎、捱餓、經歷艱苦的牧人，溫柔、仁慈、有智慧、勇敢和無私的牧人（就如上帝），更受愛戴。

詞語的意思：「我必不致缺乏」也會被翻譯為「我一無缺乏」。嘗試慢慢地大聲朗讀那最後一句。你知道有多少人會說出這句話，同時是認真的？在廣告氾濫的文化中，這是個極端的說法；廣告這行業的初步目標，就是要游說你，你**並不**擁有你所需的一切。以色列民可能很多時候都覺得不足，但「以色列拒絕把事物分為屬靈的和物質的。這申明了耶和華就是那一切渴求和需要的滿足……每一種需要的滿足」。[5]

以下是另一些改寫：

◇ 我完全滿意上帝對我生命的管理。
◇ 我無法想到上帝可以給我甚麼東西，使我更為滿足。
◇ 我甚麼東西都不需要。

「我一無缺乏」這句話，帶來這一課不會解決的一些問題：

◇ 我相信上帝待我很好嗎？（本書默想 4 至 6 會特別處理）
◇ 在我生命裏經歷艱難的時候，我相信甚麼？
◇ 我是否已跟上帝達成一個沒說出口的協議：我會相信及跟隨，但我希望我的人生裏不會有困難？

大部分人都覺得這些問題不易回答。這篇詩篇呈現一幅截然不同的圖畫，顯示信靠上帝會是怎麼樣的。如果你覺得說「上主是我的牧者，我一無缺乏」並不真誠，可隨意在開首或結尾加上「**可能**」或「**有時**」。要建立完全信靠的態度，這是一個實際的方法。

當你閱讀那段經文，思考一下哪個詞語和短語引起你的注意，或令你產生共鳴。

◇ 等待一個詞語引起你的注意，不是件靈異或不可思議的事情。這是一件自然的事情，在你閱讀聖經時，可能已經發生在你身上——你想：**為甚麼我以前從未見到那個詞語或短語或概念呢**？其實，你以前的確見過，但如今你以一種新的、不一樣的方式看見它。現在它引起你的注意。

◇ 不要覺得有壓力，硬要寫一些東西出來。如果沒有甚麼引起你的注意，讓自己安靜下來，閱讀那個使人安靜的練習（在「默想中，我們……讀所選的經文……」），然後再次閱讀經文。

◇ 不要憑自己的力量和心意，嘗試把經文應用到自己身上。當你嘗試應用經文，便會試著了解自己應該要做甚麼，去落實你所閱讀的。在這時候，單單讓上帝使你知道，你需要知道的事情。讓它出於上帝的工作，而非你自己的。

◇ 開放自己，讓上帝對你說話。準備經歷意想不到的事。

現在再次慢慢地大聲朗讀這段經文。

耶和華是我的牧者，
我必不致缺乏。
他使我躺臥在青草地上，
領我在可安歇的水邊。
他使我的靈魂甦醒，
為自己的名引導我走義路。
我雖然行過死蔭的幽谷，
也不怕遭害，

因為你與我同在；
你的杖，你的竿，都安慰我。
（詩二十三 1～4）

主耶和華如此說：看哪，我必親自尋找我的羊，將牠們尋見。牧人在羊羣四散的日子怎樣尋找他的羊，我必照樣尋找我的羊。這些羊在密雲黑暗的日子散到各處，我必從那裏救回牠們來。（結三十四 11～12）

上主是我的牧者，我一無缺乏。
（詩二十三 1；《現修》）

寫下引起你注意的詞語、短語或概念。

這些經文給你甚麼感覺？

你有甚麼想法或印象？你聯想到甚麼？你有甚麼疑問，或可能是不贊同的地方？有甚麼事是你意想不到的？

透過這段經文中引起你注意的，上帝可能在跟你說甚麼呢？

回應上帝的信息

再次慢慢閱讀這段經文，思想它如何帶領你跟上帝對話。

耶和華是我的牧者，
我必不致缺乏。
他使我躺臥在青草地上，
領我在可安歇的水邊。
他使我的靈魂甦醒，
為自己的名引導我走義路。
我雖然行過死蔭的幽谷，
也不怕遭害，
因為你與我同在；
你的杖，你的竿，都安慰我。
（詩二十三 1～4）

主耶和華如此說：看哪，我必親自尋找我的

羊，將牠們尋見。牧人在羊羣四散的日子怎樣尋找他的羊，我必照樣尋找我的羊。這些羊在密雲黑暗的日子散到各處，我必從那裏救回牠們來。（結三十四 11～12）

上主是我的牧者，我一無缺乏。
（詩二十三 1；《現修》）

向上帝說出你最需要說的話。在空白的位置寫下你的禱文，或者大聲說出來，都會有所幫助。因為這樣做會令禱告更具體和更有條理。開放自己，與上帝對話，讓聖靈溫柔地引領你。

如果你要寫禱文，你可能想以「親愛的上帝」或「親愛的耶穌」作開首，然後寫下你需要說的話，回應耶穌在經文裏向你所說的話。如果你不確定要寫甚麼，以下是一些選擇：

◇ 以「我很高興，因祢說……」或「我真的需要聽到，祢……」為開始。

◇ 隨意說出一些聽起來不屬靈的話（例如「如果我真的不相信……會怎樣呢？」）。然後繼續說更多你需要說的東西。

◇ 告訴上帝你不明白的事。

◇ 提出疑問。在問題旁畫上星號，因為你可能會在今天或明天之內得到解答。

◇ 千萬不要覺得有壓力要寫很多。一個句子或許真的已經足夠，或你也可能需要多寫一點。

與上帝安歇在信息中

再一次給自己閱讀這段經文（或那引起你注意的部分）。

耶和華是我的牧者，
我必不致缺乏。
他使我躺臥在青草地上，
領我在可安歇的水邊。
他使我的靈魂甦醒，
為自己的名引導我走義路。
我雖然行過死蔭的幽谷，
也不怕遭害，
因為你與我同在；
你的杖，你的竿，都安慰我。
（詩二十三 1～4）

主耶和華如此說：看哪，我必親自尋找我的羊，將牠們尋見。牧人在羊羣四散的日子怎樣尋找他的羊，我必照樣尋找我的羊。這些羊在密雲黑暗的日子散到各處，我必從那裏救回牠們來。（結三十四 11～12）

上主是我的牧者，我一無缺乏。

（詩二十三 1；《現修》）

你已經讀了這段經文好幾次，你如何經歷到上帝？上帝是怎樣的？反思你眼中的上帝是怎樣的。你有沒有一種感覺，覺得你只不過在自言自語，抑或上帝臨在？上帝似乎遙遠，抑或體貼？有愛心，抑或不耐煩？嚴苛，抑或熱情？跟上帝談談。

給自己時間，沉浸於你思考所得的東西——關於上帝或你自己的疑問、新概念和解釋。讓這些東西一直沉澱到你真實的生活裏。坐下片刻，細想所知道的事。你可能想：

◇ 坐下來，單單與上帝同「在」。
◇ 為你跟上帝交談時所發生的事而感謝或讚頌。
◇ 以某些方式敬拜上帝（甚或跳舞，唱一首喜愛的歌，或者繪畫）。
◇ 安歇於這個概念裏：你是上帝的住處，上帝想在你裏面建立一個家。

以這篇禱文結束這次互動：

願今天心裏得著平安。
願我信靠祢，上帝，相信正在我身處之地，祢
　　能在我身上作工。
願我不忘從信而生的無限可能。
願我運用我所得的恩賜，又將那給予我的愛傳開。
願我因知道自己是祢的兒女，就感到滿足。
讓我從骨子裏知道祢的臨在，使我的心靈可以

得自由，歌唱、跳舞、讚美和愛。

——小德蘭（Thérèse of Lisieux；改寫）

接下來是享受上帝賜予你生命和氣息的時間。你可能想：

◇ 小睡片刻。
◇ 散步、遠足、游泳，或做令人放鬆的運動。
◇ 試試「坐在門廊」，觀賞鳥類和樹木，或泡按摩浴。
◇ 做一項創作活動（使用美術材料、做木工、針黹、珠飾），但不用嘗試完成。
◇ 閱讀不嚴肅、助人默想的書籍（不是偵探小說，或一些會佔用你全副精力的書籍）。

默想2

信靠上帝使靈魂甦醒

詩二十三2～3

詩人發表激進的宣稱，表示他一無所缺，因為上帝真的是他的牧者，而他真的擁有他所需的一切，之後他繪畫了一些奇怪的圖畫來呈現這種景況。這些圖畫很奇怪，是因為它們都不像很多其他詩篇般，描繪詩人渴慕上帝和期盼上帝：

上帝啊，我的心切慕你，
如鹿切慕溪水。
我的心渴想上帝，就是永生上帝；
我幾時得朝見上帝呢？
我晝夜以眼淚當飲食；
人不住地對我說：
你的上帝在哪裏呢？（詩四十二1～3）

雖然詩篇四十二篇的詩人正經歷上帝缺席的時候，甚至以眼淚當飲食，但詩篇二十三篇卻呈現出一幅信心和安慰的、截然不同的圖畫。在詩篇二十三篇，詩人說牧者正正供給他一切所需。詩篇四十二篇是關於一個對上帝又飢又渴的心靈，但詩篇二十三篇卻呈現一幅圖畫，描繪有上帝陪伴而得到滋養、保護和非常滿足的心靈。

有時候，我們活在詩篇四十二篇裏——又飢又渴——但我們可以慢慢朝著詩篇二十三篇所形容的，那種甦醒過來和得到滿足的狀態邁進。

向上帝的信息開放

除非上次默想的環境會令人分心，不然在同一個地方安頓下來。（如果上次那課的內容仍然影響著你，等一等。你想再做那課嗎？若是如此，這就是退修者所謂的「重覆」。你可能需要讀得更深入或思考得更寬闊。）

你上一次感到完完全全地放鬆，是甚麼時候？

那感覺是否跟一個地方、一項活動或一個人有關聯？若是如此，為甚麼？

沉浸於上帝的信息裏

閱讀聖經經文之前，為了安靜自己，集中思緒，慢慢讀出這段文字：

> 在默想中，我們是根據上帝的應許，讀所選的經文，相信這段經文無論對我們個人今天的生活，還是我們作為信徒整體，都有特別體己的意義。[1]

非常緩慢地大聲朗讀以下經文。

耶和華是我的牧人，我必不會缺乏。
他使我躺臥在青草地上，
領我到安靜的水邊。
他使我的靈魂甦醒；
為了自己的名，他引導我走義路。
我雖然行過死蔭的山谷，
也不怕遭受傷害，
因為你與我同在；
你的杖你的竿都安慰我。
在我敵人面前，你為我擺設筵席；
你用油膏了我的頭，
使我的杯滿溢。
我一生的日子，必有恩惠慈愛緊隨著我；
我也要住在耶和華的殿中，直到永遠。
〔稍停〕

他使我躺臥在青草地上，
領我到安靜的水邊。

他使我的靈魂甦醒……

（詩二十三 1～6、2～3；《聖經新譯本》

〔下稱《新》〕）

再次閱讀這段經文之前，思想：

設想經文的景象：**青**草地使人想到新鮮又柔軟的草，躺臥在其中會很舒服，令人想在那裏休息和享受。

設想經文的景象：**安靜的水邊**可以譯作「可安歇的水邊」（編按：參《和合本》），[2] 特別在中東地區正午烈日當空時。靈巧的牧人不單知道好的水源在哪裏，也可能花過工夫，在小河或小溪上做個小水壩，把水集中到可取水之地。若羊不是給領到安靜、止住不動、深、清潔、純淨的水，牠們便可能從滿佈寄生蟲、受污染的水窪裏飲水。[3]

設想經文的景象：為甚麼**躺臥**？羊羣一旦找到青草地，大概都會站在那裏吃草，但詩篇中的羊卻不是這樣。（想像你身在你喜愛的餐廳，單單四處張望卻不點菜。）為甚麼羊會躺臥而不吃草？只會因為牠們已經飽足了，只會因為牠們已經得到一切所需的了，只會因為上主是牠們的牧者。

不過，羊不會躺下來，除非牠不受任何恐懼所纏擾：跟其他羊沒有產生磨擦；沒有飢餓；沒有蒼蠅和寄生蟲；沒有任何緊張和惱怒。牧人一定要讓羊從這些困境中得釋放；那些羊不能救助自己。[4] 沒人照料、飢餓、吃不飽的羊不會躺下來；牠們往往會一直走。閉上眼睛，想像一隻羊躺臥在青草地上，感到全然滿足、安全和滿意的圖畫。

設想經文的景象：為甚麼牧人領羊到安靜的水**邊**，而不是去喝那裏的水？因為那些羊不渴（不似詩篇四十二篇裏的鹿那樣），卻是全然滿足的。羊被更新，甦醒了，而且滿足於被牧人領到任何地方。

詞語的意思：**甦醒**是指「回復生命力」，[5]「把好像曾經飄走了的靈魂帶回來，以致它再次回到自己本身，繼而注入新生命，再造（*recreare*）。這是〔上帝〕對靈魂所做的，透過使靈魂置於誘惑和困難的乾旱和熱力當中，讓靈魂品嘗使它更新和堅固的——生命最重要的精髓」。[6] 請再讀這段文字。它描述上帝如何在退修中與我們相遇，以及上帝所做的事。

你準備只讀 1 至 3 節時，思想哪些詞語或短語令你產生共鳴，或停留在你心裏，或似乎向你閃耀。有一個情景或圖畫吸引你嗎？

◇ 不要以自己的努力嘗試把經文應用到自己身上。單單讓上帝使你知道，你需要知道的事情。讓它出於上帝的工作，而不是你自己的。

◇ 開放自己，讓上帝對你説話。準備經歷意想不到的事。

緩慢地大聲朗讀 1 至 3 節。

耶和華是我的牧人，我必不會缺乏。
他使我躺臥在青草地上，
領我到安靜的水邊。
他使我的靈魂甦醒……(《新》)

寫下引起你注意的詞語、短語、概念或圖畫。

那引起你注意的，給了你甚麼感覺？

你有甚麼想法或印象？你聯想到甚麼？你有甚麼疑問，或可能是不贊同的地方？有甚麼事是你意想不到的？

透過這段經文中那引起你注意的，上帝可能正跟你說甚麼呢？你的生命中有這樣的一個位置，是你真的很需要知道這段經文告訴你甚麼嗎？花幾分鐘這樣做。如果你的心思開始游走，回到那個引起你注意的詞語或短語。

回應上帝的信息

再讀 1 至 3 節，思想你怎樣得到帶領，跟上帝對話。

耶和華是我的牧人，我必不會缺乏。
他使我躺臥在青草地上，
領我到安靜的水邊。

他使我的靈魂甦醒……（《新》）

寫下或大聲說出你需要回應上帝的說話，就是因著上帝藉這些經文跟你說的話回應祂。（寫下或大聲說出來，能幫助你落實所想的，並且具體地回應上帝。）開放自己，與上帝對話，讓聖靈溫柔地引領你。

如果你不確定為何事禱告，便從那些吸引你的詞語或意象開始。告訴上帝：

◇ 為甚麼這短語或圖畫會吸引你。
◇ 在哪裏和為甚麼你未曾感覺到靈魂甦醒、青草地或安靜的水邊。
◇ 你曾在哪裏感覺到有靈魂甦醒、青草地或者安靜的水邊。
◇ 你有多想要或不想要這種在上帝裏得到滿足、躺臥在青草地上的生命。

「試用」詩篇：用自信的語氣讀出以下經改寫的文字。如果其中的內容，甚或大部分內容都並非如你真心所想，不用擔心。現在你就要嘗試體驗在上帝的國度裏活出你的人生——無論如何，都信靠上帝。這樣不是不誠實；你是「穿上」這個在基督裏的新人（參西三 10）。

> 祢真是我的牧人。祢真的供給我一切所需。
> 祢真的讓我躺臥在青草地上，領我到安靜的水邊。
> 祢真的使我的靈魂甦醒。

如果你不能自信地讀出這個段落，再嘗試。不要理會它有多真確或不真確——儘管試試看。

告訴上帝這樣試用的感覺如何。

與上帝安歇在信息中

再次向自己讀出 1 至 3 節（或讀出上文改寫的版

本，「祢真是我的牧人」等等）。

耶和華是我的牧人，我必不會缺乏。
他使我躺臥在青草地上，
領我到安靜的水邊。
他使我的靈魂甦醒……（《新》）

你已經讀了這段經文好幾次，你怎樣經歷到上帝？上帝是怎樣的？反思上帝對你而言是怎樣的。上帝似乎很遙遠，抑或很體貼？與上帝談談你的想法。

給自己時間，沉浸於你思考所得的東西——關於上帝或你自己的疑問、新概念和解釋。讓這些東西一直沉澱到你真實的生活裏。坐下片刻，細想所知道的事。你可能想：

- ◇ 坐下來，單單與上帝同「在」。
- ◇ 為你跟上帝交談時所發生的事而感謝或讚頌。
- ◇ 以歌唱一首與詩篇二十三篇有關的詩歌（甚或為此跳舞），來敬拜上帝。如果你有一首詩篇二十三篇的詩歌錄音，現在播放吧。合上眼睛，聆聽。
- ◇ 以繪畫詩篇二十三篇 2 節的情景，來敬拜上帝：畫最適合讓羊躺臥其上的那種草地。
- ◇ 躺臥在草地上。躺在那裏，想像那種感到完全滿意的滿足感。
- ◇ 安歇於這個概念裏：上帝以你為樂，也以看顧你為樂。

以這篇禱文結束這次互動：

願今天心裏得著平安。

願我信靠祢，上帝，相信正在我身處之地，祢
能在我身上作工。
願我不忘從信而生的無限可能。
願我運用我所得的恩賜，又將那給予我的愛
傳開。
願我因知道自己是祢的兒女，就感到滿足。
讓我從骨子裏知道祢的臨在，使我的心靈可以
得自由，歌唱、跳舞、讚美和愛。

——小德蘭（改寫）

接下來是享受上帝賜予你生命和氣息的時間。你可能想：

◇ 小睡片刻。
◇ 散步、遠足、游泳，或做令人放鬆的運動。
◇ 試試「坐在門廊」，觀賞鳥類和樹木、或泡按摩浴。
◇ 做一項創作活動（使用美術材料、做木工、針

粥、珠飾），但不用嘗試完成。

◇ 閱讀不嚴肅、助人默想的書籍（不是偵探小說，或一些會佔用你全副精力的書籍）。

—— 默想3 ——

信靠上帝的帶領

詩二十三3

我們活得滿意和自信，狀況彷如羊躺臥在青草地上，給領到可安歇的水邊時，會比較容易讓上帝帶領我們。然後，接下來的十分鐘，或者接下來的六十分鐘，我們都滿足於讓上帝每分每刻帶領我們，而不是活在「**但假若……？**」的狀態中。我們信靠上帝，知道上帝不是以說教的方式引導我們，而是單單一步一步引導我們。我們學習專心地跟隨這位大牧人時，會發現關於上帝的一種內在深厚的良善甚具吸引力，叫我們好想認真地跟隨。

向上帝的信息開放

除非上次的環境會令人分心，不然在同一個地方安頓下來。（如果上一課的內容仍然影響著你，等一等。

你想再做那一課嗎？若是如此，這就是退修者所謂的「重覆」。你可能需要讀得更深入或思考得更寬闊。）

對於上帝的帶領或上帝的引導，你有甚麼疑問？

上帝過往的引導，有甚麼令你困惑之處？

你將來會需要哪種帶領或引導（特別跟關顧你心靈有關的）？

沉浸於上帝的信息裏

閱讀聖經經文之前，為了安靜自己，集中思緒，先慢慢讀出這段文字：

> 在默想中，我們是根據上帝的應許，讀所選的經文，相信這段經文無論對我們個人今天的生活，還是我們作為信徒整體，都有特別體己的意義。[1]

非常緩慢地大聲朗讀以下經文。

為自己的名引導我走義路。（詩二十三3）

耶和華是我的牧人，我必不會缺乏。
他使我躺臥在青草地上，
領我到安靜的水邊。
他使我的靈魂甦醒；

為了自己的名，他引導我走義路。
（詩二十三 1～3；《新》）

他使我心靈復甦。他照著應許導我走正路。
（詩二十三 3；《現修》）

為自己的名引導我走義路。（詩二十三 3）

再次閱讀這些經文前，思想：

詞語的意思：導、引導——一個東方牧人走在羊羣的前頭，溫柔地引導牠們，[2] 好讓牠們可以跟隨。耶穌談及自己是那個好牧人，說：「〔牧人〕既放出自己的羊來，就**在前頭走**，羊也**跟著他**，因為認得他的聲音……我的羊聽我的聲音，我也認識他們，他們也跟著我。」（約十 4、27；強調為後加）正如有很多小路會令羊走迷，我們也可能不清楚要做甚麼或往哪裏去，但我們一直跟隨著牧人。

詞語和短語的意思：義路這詞常常給翻譯為「正

路」，指這些路領人從困難和仇敵中得釋放，並進入上帝的喜樂。

現在，**公義**的概念（以及這個詞語本身）已經變得乏味。人們不追求公義，因為他們認為公義是關於成為想要討好別人的人，就是那些自以為通曉萬事，常常表現為好人，並有時很熱心要將你的錯處告訴你的人。

在聖經中，**公義**真正的概念是關於「關乎一個人的東西，是會令他或她真的正直或良善的」或是「真正的內在良善……它代表技巧、智慧、力量和擇善固執的結合，這使它非常具吸引力」。[3] 因此公義之路並不是苦悶或壓制的活動，是你無論如何都不會接受的，而是**最為吸引的一種生存方式**，是你一直以來都想得著的。或許你認識這樣的人——極為良善又親切有趣的。如此良善又真實又美麗的人，反映了在上帝國度裏的生命。

祂引導我走義路。上帝的這種帶領，不單是向我們顯示那條路，更是使我們能夠行在其上。許多**義路**，對於我們的能力而言，似乎都是更高深的。而坦白說，它們是。不過，當我們信靠上帝是我們的牧者，又深信我們真的擁有我們所需的一切，我們便會出乎意料地有能力走那超越我們本性所傾向的路。隨後，我們驚訝，我們竟然做到了！

詞語的意思：為自己的名——聖經裏，名字相等於品格或名聲。這些經文意指上帝提供青草地和安歇的水邊，「因為祂在祂的聖賢之中有好名聲，會信實地待他們」。[4] 英文《信息本聖經》（*The Message*）中"true to your word"（編按：參《現修》「他照著應許」）是個準確的意譯，因為「為自己的名」就似是說：「因上帝是這樣滿有恆久的愛和憐憫——你還期望上帝會做甚麼呢？」

這名字也代表一個位格的臨在和權能：「上帝領我在顯出上帝神聖臨在和權能的那些路上。」

上帝以牧者的方式帶領：人們希望得到上帝的引導時，他們一般想上帝給他們那目的地，然後他們會設法到達那裏。可是，上帝不是這樣的。上帝好像一個牧人。牧人不會告訴羊那目的地在哪裏，但羊對這種安排沒異議，因為牠們明白牧人的帶領是一步一步的，而牠們很滿足於跟隨，不會要求更多資訊。為甚麼？因為牠們信靠牧人。我們愈深信上主是我們的牧人，深信我們真的擁有我們的一切所需，我們便愈滿足於只知道下一步如何。

當你再次大聲朗讀這段經文，試思想哪個詞語、短語、形象或概念，令你產生共鳴。開放自己，讓上帝對你説話。準備經歷意想不到的事。

為自己的名引導我走義路。（詩二十三 3）

耶和華是我的牧人，我必不會缺乏。
他使我躺臥在青草地上，
領我到安靜的水邊。
他使我的靈魂甦醒；
為了自己的名，他引導我走義路。
（詩二十三 1～3；《新》）

他使我心靈復甦。他照著應許導我走正路。
（詩二十三 3；《現修》）

為自己的名引導我走義路。（詩二十三 3）

寫下那引起你注意的詞語、短語或概念。

這些經文給你甚麼感覺？

你有甚麼想法或印象？你聯想到甚麼？你有甚麼疑問，或可能是不贊同的地方？有甚麼事是你意想不到的？

透過經文中那引起你注意的，上帝可能正跟你説甚麼？你的生命中是否有一個位置，是你需要信靠上帝的引導或祂廣大的良善，或信任祂的旨意和祂是可靠的，會供給你一切所需？或者，你在哪方面渴求這些東西？花幾分鐘這樣做。如果你的心思開始游走，回到那個引起你注意的詞語或短語。

回應上帝的信息

再次對自己慢慢讀這段經文，思想它如何帶領你跟上帝對話。

為自己的名引導我走義路。（詩二十三3）

耶和華是我的牧人，我必不會缺乏。
他使我躺臥在青草地上，
領我到安靜的水邊。
他使我的靈魂甦醒；
為了自己的名，他引導我走義路。
（詩二十三 1～3；《新》）

他使我心靈復甦。他照著應許導我走正路。
（詩二十三 3；《現修》）

為自己的名引導我走義路。（詩二十三 3）

在空白的位置寫下你需要回應上帝的說話，或者大聲說出來。開放自己，與上帝對話，讓聖靈溫柔地引領你。如果你不確定要怎樣開始，以下是一些選擇：

◇ 跟上帝談談這個概念：不知道目的地，一步一步地跟隨。你覺得這個概念如何？

- ◇ 求上帝幫助你，好好跟隨神聖的引導。
- ◇ 提出疑問，並在問題旁畫上星號，因為你可能會發現，它們在今天或明天之內得到解答。
- ◇ 求上帝指教你，內在深厚的良善是怎樣的。
- ◇ 以「我很高興，因祢說……」或「我真的需要聽到，祢……」開始。
- ◇ 千萬不要覺得有壓力要寫很多。一個句子或許真的已經足夠，或你也可能需要多寫一點。

「試用」詩篇：用自信的語氣大聲讀出以下經改寫的文字。如果其中所有內容都並非如你真心所想，不用擔心。現在，儘管試試穿上這個凡事都信靠上帝的新人（參西三 10）。

上帝，祢真是我的牧人，我必不會缺乏。
祢使我躺臥在青草地上，領我到安靜的水邊。
祢使我的靈魂甦醒；
為自己的名，祢引導我走義路。
感謝祢！

如果你不能自信地讀出這段改寫的文字，再嘗試。告訴上帝這樣嘗試套用的感覺如何。

與上帝安歇在信息中

再一次對自己讀這段經文（或讀改寫的版本，「祢真是我的牧人」等等）。

你已經讀了這段經文好幾次，你怎樣經歷到上帝？上帝是怎樣的？合上眼睛，反思上帝對你而言是怎樣的。與上帝談談你的想法。

給自己時間，沉浸於你思考所得的東西——關於上帝或你自己的疑問、新概念和解釋。讓這些東西一直沉澱到你真實的生活裏。坐下片刻，細想所知道的事。你可能想：

◇ 坐下來，單單與上帝同「在」。
◇ 為你跟上帝交談時所發生的事而感謝或讚頌。
◇ 以歌唱一首與詩篇二十三篇有關的詩歌（甚或為此跳舞），來敬拜上帝。如果你有一首詩篇二十三篇的詩歌錄音，現在播放吧。合上眼睛，聆聽。
◇ 沿著一條路走走。想像「不擔心要往哪裏去，只是單單跟隨耶穌」會是怎樣的。
◇ 安歇於這個概念裏：上帝以你為樂，也以看顧你為樂。

以這篇禱文結束這次互動：

願今天心裏得著平安。
願我信靠祢，上帝，相信正在我身處之地，祢
　　能在我身上作工。
願我不忘從信而生的無限可能。
願我運用我所得的恩賜，又將那給予我的愛
　　傳開。
願我因知道自己是祢的兒女，就感到滿足。
讓我從骨子裏知道祢的臨在，使我的心靈可以
　　得自由，歌唱、跳舞、讚美和愛。

——小德蘭（改寫）

接下來是享受上帝賜予你生命和氣息的時間。你可能想：

◇ 小睡片刻。
◇ 散步、遠足、游泳，或做令人放鬆的運動。

◇ 試試「坐在門廊」，觀賞鳥類和樹木、或泡按摩浴。

◇ 做一項創作活動（使用美術材料、做木工、針黹、珠飾），但不用嘗試完成。

◇ 閱讀不嚴肅、助人默想的書籍（不是偵探小說，或一些會佔用你全副精力的書籍）。

默想 4

在幽谷中信靠上帝

詩二十三4

恐懼，阻礙我們相信上帝真是我們的牧者，也阻礙我們相信，我們已經擁有我們今天所需的一切。這是聖經時常提到的其中一個命令是「不要怕」的原因。由上帝、天使、耶穌、先知和使徒重覆又重覆地吩咐我們。[1] 上帝對亞伯拉罕、摩西和約書亞説過。天使對馬利亞和撒迦利亞説過。耶穌對好些人説過，但特別吩咐門徒，叫他們不要怕從令人驚奇的魚穫中所見到的能力、這地上可怕的天氣，或者那些會打和控告他們的人（參路五10；太八26，十26）。

恐懼的相反是信靠。設想自己更加信靠，你可能會問自己：**如果我不害怕，我會怎樣做？害怕死亡嗎？害怕失敗嗎？害怕自己一個人嗎？**這段經文告訴我們，為甚麼我們不用害怕，和我們可以怎樣面對恐懼。

向上帝的信息開放

除非上次的環境會令人分心，不然在同一個地方安頓下來。（如果上一課的內容仍然影響著你，等一等。你想再做那一課嗎？若是如此，這就是退修者所謂的「重覆」。你可能需要讀得更深入或思考得更寬闊。）

思想恐懼對你有甚麼影響。看看下列描述可否應用在你身上：

- ◇ 恐懼往往會令我犯罪。我不說出真相，因為我怕真相會傷害我或者別人。我不上前幫助別人，因為我怕隨後可能發生的事。我變得只顧自己，緊緊抱著自己所需要的，因為我怕明天我會有所缺乏。
- ◇ 恐懼往往是憤怒的根源。我用憤怒來保護自己，抵擋我所害怕的人和事。
- ◇ 恐懼往往伴隨著困惑而來。恐懼之中，我的思考並不透徹，反倒憂慮自己不能完成某件事情，或自己不夠聰明去做那件事。（這令我們想到那句警句：「壓力令你變笨」。）

如果你不害怕，你的生命會有何不同？

沉浸於上帝的信息裏

場景：一隻羊一天的生活，是指在正午時分，牠必須到一個清涼的地方躺下來，在安靜的水邊喝水（參詩二十三 2）。不過，當夜色漸至，山谷看來比平常更幽暗（參 4 節）。

語調：要判斷詩篇的語調，其中一個基本方法是注意誰在跟誰説話。詩人偶爾會由講述**有關**上帝的事，轉為**向**上帝説話，大概好像詩人本來沉思有關上帝的事，後轉為舉起雙手向上帝禱告。那種轉變在這篇詩篇裏出現。1 至 3 節談到**上帝**或**祂**，但現在詩人轉用第二人稱「**你**」(you, thou)。「中間部分跟講者的信仰經歷有更直接和更強的連繫。它似乎較貼近〔詩人〕昔日得到拯救的真實記憶。」[2] 由講述**有關**上帝的事到**向**上帝説話，這種重要的轉變正需要在我們的日常思考和我們的日記中出現。如此，生命中的種種(包括憂慮)都化成禱告，向我們所愛的那一位訴説。

閱讀這段經文之前，為了安靜自己，集中思緒，先慢慢讀出這段文字：

> 在默想中，我們是根據上帝的應許，讀所選的經文，相信這段經文無論對我們個人今天的生活，還是我們作為信徒整體，都有特別體己的意義。[3]

非常緩慢地大聲朗讀以下聖經經文。

耶和華是我的牧人，我必不會缺乏。
他使我躺臥在青草地上，
領我到安靜的水邊。
他使我的靈魂甦醒；
為了自己的名，他引導我走義路
我雖然行過死蔭的山谷，也不怕遭受傷害，
因為你與我同在；
你的杖你的竿都安慰我。
（詩二十三 1～4；《新》）

我雖然行過死蔭的幽谷，
也不怕遭害，
因為你與我同在……（詩二十三 4）

再次閱讀經文前，細想：

短語的意思：**死蔭的山谷**有時候會被翻譯為**死蔭的幽谷**。直譯的話，它是**陰森山谷**（編按：參《現修》），因為「所用的希伯來文詞語並沒有這種死亡的意思，反而是指所有黑暗和苦澀的經歷」。[4] 這包括驚奇的事和各種各樣的災難，任何威脅我們、使我們驚惶和恐懼的事物。這樣的山谷也充滿肉身和情感上的痛楚，病患、憂鬱、悲傷、拒絕、失敗、虐待、或無止境的勞苦。

過這個字在各個翻譯中均有出現。不論有甚麼危險，詩人都一一經**過**，到達了另一邊。（你大聲讀出經文時，可能會想強調**過**這個字。）

短語的意思：**你與我同在**（Thou art with me，《英王詹姆斯譯本》〔KJV〕）也會給翻譯為**你和我同在**（you are with me，《新國際譯本》〔NIV〕；參《呂振中譯本》〔下稱《呂》〕）或**你靠近我身旁**（you are close beside me，《新當代聖經》〔NLT〕；編按：按英文直譯）。（稍後提到的）杖和竿能帶來安慰，但牧者自己——**你**——的臨在是最大的安慰。這點很重要，因為有信仰的人有時候會認為他們不應該經歷難關，而他們遇上難關時，便會變得不滿。他們問：**上帝如今在哪裏？**上帝沒有應許我們不會遇到難關，但卻應許我們，我們走過這些難關時，上帝時常都是我們忠實的同行者。上帝一直在我們身旁，而這樣的臨在使我們不再害怕。「是上帝的同行扭轉一切局面。這並不是指沒有死亡的山谷，沒有仇敵。只是它們都不能造成傷害，而耶和華的**安慰**帶著堅決的忠誠，跟我們休戚與共，恰好就在受威脅的處境中……詩篇二十三篇中，明白到世間雖有險惡，但都不足為懼。」[5]

轉換短語：**不怕遭害，因為你與我同在**也會給翻譯為「我不會害怕，因為你靠近我身旁」（編按：按《新當代聖經》直譯）。在信心的詩篇中，詩人借用了上帝的說明，轉換過來，再以他們自己的角度把它們說出來。他們把那些話變成他們自己發自內心深處的說話。這個短語正是一例。上帝往往從神聖的角度說：「不要懼怕，因為我與你同在。」（創二十六24）然後，這詩篇採用了上帝常用的這措辭，把它變成聽者信心的說明：「不要懼怕」變成「不怕遭害」，而「我與你同在」變成「因為你與我同在」。詩人正是反過來以上帝自己的說話向上帝祈求。我們在禱告中這樣做是極好的。這信心的說明，「不怕遭害，因為你與我同在」，所說的是，最壞的情況不會如我們所想的那麼壞。我不用想，**假若……？**或**噢，不！**

設想經文的景象：你可能會幻想，自己正走過你過去、現在或將來裏的一個漆黑地方，甚或一個實在漆黑一片的地方。如果戶外正漆黑一片，你可能會想帶一支手電筒，到戶外完成這些默想。

進入經文中：當你想到上帝與你同在，你會想到甚麼？上帝站在你身後緊緊地抓著你？站在你前面遮擋著你？站在你身旁，在你跌倒時扶起你？在這裏寫下你喜愛的意象。

當你讀這聖經經文，留心哪個詞語、短語或圖畫引起你的注意，或令你想到些甚麼（尤其從4節起）。開放自己，讓上帝對你說話，準備經歷意想不到的事。

◇ 不要覺得有壓力，硬要寫一些東西出來。如果沒想到甚麼，安靜下來，閱讀那個安靜自己的練習（「在默想中，我們……讀所選的經文……」），然後再次閱讀經文。

◇ 不要憑自己的力量和心意，嘗試把經文應用在你自己身上。當你嘗試應用經文，便會試著了解自己應該要做甚麼，來落實你所讀的東西。在這時候，單單讓上帝告訴你，你需要知道的事情。讓它出於上帝的努力，而非你自己的。

耶和華是我的牧人，我必不會缺乏。
他使我躺臥在青草地上，
領我到安靜的水邊。
他使我的靈魂甦醒；
為了自己的名，他引導我走義路
我雖然行過死蔭的山谷，也不怕遭受傷害，

因為你與我同在；

你的杖你的竿都安慰我。

（詩二十三 1～4；《新》）

寫下在 4 節中引起你注意的詞語、短語或圖畫。

這些經文給你甚麼感覺？（你可能想在這裏做些筆記。）花點時間做這題。

你有甚麼想法或印象？你聯想到甚麼？你有甚麼疑問，或可能是不贊同的地方？有甚麼事是你意想不到的？

透過這段經文中那引起你注意的，上帝可能正跟你説甚麼呢？

回應上帝的信息

再次對自己讀出這聖經經文，思想它如何帶領你跟上帝對話。然後按以下的提示，寫下你所想到的。

我雖然行過死蔭的幽谷，

（寫下這句話於現在或曾經怎樣真實反映你的處境。）

也不怕遭害，

（寫下你曾如何真實經歷這句話，或者你希望這句話如何成真。）

因為你與我同在。

（寫下這句話如何真實反映你的處境，或者你希望這句話如何成真。）

繼續寫下你因著這經文所想到的、對上帝的回應。開放自己，與上帝對話，讓聖靈溫柔地引領你。

◇ 對於這得自由免除恐懼，並有上帝忠實同行保證的生命，你有多渴望擁有？
◇ 與上帝談談你對走過幽谷的想法。如果上帝與你同在，你會覺得可以嗎？（誠實回答。）
◇ 求上帝幫助你走過。
◇ 隨意說出一些聽起來不屬靈的話（例如「我沒有求過要這個幽谷！」）。然後繼續說更多你需要說的話。

◇ 以「我很高興，因祢說……」或「我真的需要聽到，祢……」作開始。

你結束禱告之後，再試試這個實驗。

「試用」詩篇：用自信的語氣大聲朗讀詩篇二十三篇 1 至 4 節。如果其中大部分，甚至所有內容都並非如你真心所想，不用擔心。現在你是嘗試體驗這個概念：在上帝國度裏活出你的人生——無論如何都信靠上帝。即使不合身，也試試看。

祢真是我的牧者，
祢真的供給我所需的一切。
祢真的使我躺臥在青草地上，

領我到安靜的水邊。

祢真的使我的靈魂甦醒，

祢真的引導我走最好的道路，因祢時常做對我最好的事。

我雖然行過死蔭的幽谷，祢真的與我同在。

因為祢真的與我同在，我不用懼怕。……

我真的有我所需的一切。

如果你不能自信地讀出以上內容，再嘗試。

與上帝安歇在信息中

若你想，再一次對自己讀出這段經文。

你已經讀了這段經文好幾次，你如何經歷到上帝？上帝是怎樣的？反思上帝對你而言是怎樣的，尤其若你曾感覺到上帝在你身旁，與你走過幽谷。

給自己時間，沉浸於上帝在你身旁，作你的同行者，與你同行的那份「同在」感覺。讓這些東西一直沉澱到你真實的生活中。坐下片刻，細想所知道的事。你可能想：

◇ 坐下來，單單與上帝同「在」。

◇ 為你跟上帝對話時所發生的事而感謝或讚頌。

◇ 以歌唱一首與詩篇二十三篇有關的詩歌（甚或為此跳舞），來敬拜上帝。如果你有一首詩篇二十三篇的詩歌錄音，現在播放吧。合上眼睛，聆聽。

◇ 安歇於這個概念裏：在漆黑的地方上帝與你同在，引導你經過，不離開你身旁。

◇ 今晚在戶外的漆黑中坐下來，在你旁邊留下一張空椅子。

◇ 安歇於這個概念裏：上帝以你為樂，也以看顧你為樂。

以這篇禱文結束這次互動：

願今天心裏得著平安。

願我信靠祢，上帝，相信正在我身處之地，祢能在我身上作工。

願我不忘從信而生的無限可能。

願我運用我所得的恩賜，又將那給予我的愛傳開。

願我因知道自己是祢的兒女，就感到滿足。

讓我從骨子裏知道祢的臨在，使我的心靈可以得自由，歌唱、跳舞、讚美和愛。

——小德蘭（改寫）

接下來是享受上帝賜予你生命和氣息的時間。你可能會想：

◇ 小睡片刻。

◇ 散步、遠足、游泳，或做令人放鬆的運動。

◇ 試試「坐在門廊」，觀賞鳥類和樹木、或泡按摩浴。

◇ 做一項創作活動（使用美術材料、做木工、針黹、珠飾），但不用嘗試完成。

◇ 閱讀不嚴肅、助人默想的書籍（不是偵探小說，或一些會佔用你全副精力的書籍）。

默想5

相信上帝與我同在

詩二十三4

上帝要與人類聯繫起來，其實可以有很多方法：把我們造成任由擺佈的機械人，隨時放手讓我們任意而行，把我們當作消遣。不過，與我們同在，是上帝的本性，所以，這課默想會重覆「你與我同在」或「你靠近我身旁」這句重要的話，再加上牧人手持杖和竿的形象。如果到目前為止，你對於設想這段經文的景象有困難（生活在城市和市郊的人可能從來未見過草地上的羊，更何況是牧人的杖和竿），描繪這些經文的圖畫可能會令你在視覺上的掌握具體一點。

向上帝的信息開放

除非上次的環境會令人分心，不然在同一個地方安頓下來（如果上一課的內容仍然影響著你，等一等。你想再做那一課嗎？若是如此，這就是退修者所謂的「重覆」。你可能需要讀得更深入或思考得更寬闊。）

在你身旁放一張空椅子。

如果你要邀請上帝坐在那裏，你會說甚麼？

為甚麼你想或不想上帝坐在那裏？

你想那張椅子有多近？

你想面向椅子，還是椅子放在你旁邊？

你認為上帝想與你一起坐在那裏嗎？

◇ 只有我表現良好
◇ 只有我安靜下來，閱讀聖經時
◇ 只有當我有一些好的想法
◇ 只有我要求時
◇ 其他 ____________________

總括而言，對於上帝**與**你同在和祂想**與**你同在的概念，你有甚麼感覺？圈出五個詞語，是最能形容你對這概念的感覺的，並刪掉最不合適的五個詞語。

驚怕	滿意	困惑	興高采烈
苦惱	有能力	信靠	拒絕
不配	圓滿	不安穩	模糊
有信心	不安	平和	安全

沉浸於上帝的信息裏

語境：這句經文中的兩個概念——上帝與我們同在，和上帝細心保護及幫助我們——都旨在證明，我們可以相信上帝真的是我們的牧者，而且我們真的擁有我們的一切所需。

閱讀這段經文之前，為了安靜自己，集中思緒，慢慢讀出這段文字：

在默想中，我們是根據上帝的應許，讀所選的經文，相信這段經文無論對我們個人今天的生活，還是我們作為信徒整體，都有特別體己的意義。[1]

非常緩慢地大聲朗讀以下經文。

永恆主是牧養我的；我沒有缺乏。
他使我躺臥在青草地上：
他領著我到靜水之處，
使我的精神甦醒。
為了他自己之名的緣故
他引導我走對的轍迹。
就使我行於漆黑之低谷中，
我也不怕遭害；因為是你和我同在；
你的棍你的杖、都安慰我。
（詩二十三 1～4；《呂》）

因為你與我同在；

你的杖，你的竿，都安慰我。（詩二十三 4）

再次閱讀經文前，細想：

詞語的意思：**竿**是主要用作保護的工具。莫法特（Moffatt）的英文譯本稱之為棍（club）。富經驗的牧人「用竿來驅趕食肉動物，例如草原狼、灰狼、美洲獅或野狗。有時會它用來拍打灌木叢，趕走蛇和其他生物，以免牠們打擾羊羣」。[2]

在維持紀律上亦有用竿作引導的工具，用來推或嚇那些在長滿毒野草或其他危險位置附近徘徊的羊。[3] 牧人的竿怎會是一種**安慰**？竿是必要的、是「物主右手的延伸。在任何危急的形勢之中，它是他的力量、權能、權威的象徵……看見牧人熟練的手執竿，便得安慰和慰藉」，[4] 因為這意味著羊得到看顧。

詞語的意思：**杖**是幼長的棒，一般有曲柄或倒鈎在其中一端，而且是由物主打造和磨滑的。杖主要用來引導羊到牠們要去的地方：把小羊拉回母羊身旁，引導羊遠離危險的陡坡。牧人也用杖拯救羊，諸如把牠們從峽谷中拉出來，或者為牠們解脱荊棘的纏繞等。英文《信息本譯本》這樣表達：「你可靠的曲柄牧杖，令我感到安穩」（編按：依英文直譯）。

錯誤的印象：杖和竿都不是用來打羊的。有些人覺得上帝透過一些景況或某節經文責打他們。詩篇二十三篇 4 節甚至被用來指上帝用竿「追擊」人們和訓斥他們。這裏的形象並非如此。牧人並不是來懲罰我們的，而是注目看顧，供給我們一切所需。

聖經的主題：上帝與我們同在這概念，是其中一個遍佈聖經各處的主題。上帝選擇與我們聯繫起來，不是要審查我們，而是**與**我們同**在**。即使我們犯錯，上帝仍與我們同在。例如，以色列民拜偶像和被擄之後，上帝帶他們回來，幫助他們重建聖殿 ，並且說：「我與你們同在」，和「當剛強作工，因為我與你們同在」（該一13，二 4）。

上帝一直與我們建立關係，而且渴望與我們互動。「這種個人的互動，是我們在聖經裏所看到的人所經歷的：上帝以隱藏的保護包圍著人類，上帝在戰爭中與他們同往，上帝想『攙扶他們的手』，上帝還在人們生命中引進了美好的事，包括糾正錯誤。」（參王下六 17；代下二十 17；賽四十二 6；尼九章）[5]

設想經文的景象：你可能會看到自己正身陷險境，但卻察覺不到危險，直到你聽到牧人的竿在空氣中揮動的聲音，攻擊快要撲向你的狗或蛇。即使我們察覺不到上帝，上帝也時常關注、察看。

設想經文的景象：你可能會想像自己獨自被困在峽谷中，先是聽到牧人的聲音，然後看見牧人的臉，接著看見那根杖遞向你，把你從困著你的裂縫中拉出來。感受一下那份喜樂和興奮。

當你再次大聲讀出這段聖經經文，留心 4 節裏，哪個詞語、短語或形象引起你的注意。開放自己，讓上帝對你說話。準備經歷意想不到的事。開放自己與上帝對話。

永恆主是牧養我的；我沒有缺乏。

他使我躺臥在青草地上：
他領著我到靜水之處，
使我的精神甦醒。
為了他自己之名的緣故
他引導我走對的轍迹。
就使我行於漆黑之低谷中，
我也不怕遭害；因為是你和我同在；
你的棍你的杖、都安慰我。
（詩二十三 1～4；《呂》）

因為你與我同在；
你的杖，你的竿，都安慰我。（詩二十三 4）

請寫下那引起你注意的詞語、短語、概念或意象。

這些經文給你甚麼感覺？

你有甚麼想法或印象？你聯想到甚麼？你有甚麼疑問，或可能是不贊同的地方？有甚麼事是你意想不到的？

透過這段經文中那引起你注意的，上帝可能正跟你說甚麼呢？

回應上帝的信息

對自己再次讀出這段經文，繼續思想它如何帶領你跟上帝對話。

永恒主是牧養我的；我沒有缺乏。
他使我躺臥在青草地上：
他領著我到靜水之處，
使我的精神甦醒。
為了他自己之名的緣故
他引導我走對的轍迹。
就使我行於漆黑之低谷中，
我也不怕遭害；因為是你和我同在；
你的棍你的杖、都安慰我。
（詩二十三 1～4；《呂》）

因為你與我同在；
你的杖，你的竿，都安慰我。（詩二十三 4）

在空白的位置寫下你回應的禱告，或者大聲把它說出來。開放自己，與上帝對話，讓聖靈溫柔地引領你。

如果你不確定要怎樣禱告，以下是一些選擇：

◇ 對上帝想與我們**同在**，談談你有何回應。
◇ 求上帝用杖和竿以某種方式幫助你。
◇ 告訴上帝，你有多察覺到上帝供給你一切所需。
◇ 以「我很高興，因祢說……」或「我真的需要聽到，祢……」開始。

結束禱告後，再次試試這個實驗。

「試用」詩篇：用自信的語氣大聲讀出這1至4節改寫的經文。如果其中的大部分內容，甚至所有內容都並非如你真心所想，不用擔心。現在嘗試體驗這個概念：在上帝國度裏活出你的人生——無論如何都信靠上帝。即使不合身，也試試看。

祢真是我的牧者——從早到晚。
祢真的供給我所需的一切——從早到晚。
祢真的讓我躺臥在青草地上，領我到安靜的水邊——從早到晚。
祢真的使我的靈魂甦醒——從早到晚。
祢真的引導我走最好的道路，因為祢時常做對我最好的事——從早到晚。
我雖然行過死蔭的幽谷，祢真的與我同在——從早到晚。
因為祢與我同在，我不用懼怕。
我真的有我所需的一切——從早到晚。
祢隨時準備用祢的竿保護我，用祢的杖引導我，真的安慰我——從早到晚。

如果你不能自信地讀出這個段落，再嘗試。

與上帝安歇在信息中

你已經讀了這段經文好幾次，你如何經歷到上帝？上帝是怎樣的？反思上帝對你而言是怎樣的。上帝看來想與你同在嗎？上帝樂意坐在你身旁，抑或只是在幫你辦點事，而很想離開？跟上帝談談。

給自己時間，沉浸於思考所得的——對上帝或自己的疑問、新概念和解釋。讓這些東西一直沉澱到你真實的生活裏。坐下片刻，細想所知道的事。

如果你曾經小休，在這課開首時的那張空椅現在已不在你旁邊，在你身旁放回一張空椅。讓那空椅的位置，對你而言，代表上帝想如何與你同在。把椅子拉近或拉遠至你覺得合適的距離。

坐下來感受上帝在你旁邊的感覺會是怎樣的。若你想，可以大聲説：「祢靠近我身旁……」又或者，若你想：

- ◇ 坐下來，單單與上帝同「在」。
- ◇ 為你跟上帝對話時所發生的事而感謝或讚頌。
- ◇ 以歌唱一首與詩篇二十三篇有關的詩歌（甚或為此跳舞），來敬拜上帝。如果你有一首詩篇二十三篇的詩歌錄音，現在播放吧。合上眼睛，聆聽。
- ◇ 安歇於這個概念裏：上帝以你為樂，也以看顧你為樂。

請以這篇禱文結束這次互動：

願今天心裏得著平安。
願我信靠祢，上帝，相信正在我身處之地，祢能在我身上作工。

願我不忘從信而生的無限可能。

願我運用我所得的恩賜，又將那給予我的愛傳開。

願我因知道自己是祢的兒女，就感到滿足。

讓我從骨子裏知道祢的臨在，讓我的心靈可以得自由，歌唱、跳舞、讚美和愛。

——小德蘭（改寫）

接下來是享受上帝賜予你生命和氣息的時間。你可能想去散步或遠足，找一根細長的棒，並帶它回來。你可能會想用樹葉或布把它磨光滑。嘗試把它的大小造到與你配合，以致你可以輕易用它來保護和引導你身旁的動物。若你想，可以替它著色。或者：

◇ 小睡片刻。

◇ 游泳或做令人放鬆的運動。

◇ 試試「坐在門廊」，觀賞鳥類和樹木、或泡按摩浴。

◇ 做一項創作活動（使用美術材料、做木工、針黹、珠飾），但不用嘗試完成。

◇ 閱讀不嚴肅、助人默想的書籍（不是偵探小說，或一些會佔用你全副精力的書籍）。

═ 默想 6 ═

在與我為敵的人面前信靠上帝

詩二十三5

如果我們要信靠上帝真是我們的牧者，而今天我們真的已經擁有我們的一切所需，我們跟仇敵的互動便會不一樣。雖然我們會認為，仇敵是指一直傷害我們很深的人，但現實中，仇敵是任何我們覺得很難去愛，或者僅僅是我們今天覺得很難相處的人。在這課的聖經經文裏出現的情景，是詩人跟仇敵面對面坐在餐桌前。你不希望跟誰面對面坐在餐桌前？與你的整個家族或教會的人聚餐時，你不希望誰坐在你旁邊？這段經文所談的，是我們怎樣能夠完全平安地坐在那裏。它營造了一個豐富的情境，讓你可以進入其中，而且可能以某些新方式經歷上帝。

向上帝的信息開放

儘管你不喜歡詩詞，也請不要跳過這個部分。一個以詩詞形式表達的簡單小故事，有助你更理解經文。你會很喜歡的。這首詩由十六世紀一位廣受讚譽的詩人，聖公宗牧師喬治．赫伯特（George Herbert）所寫。它營造了一個東道主與賓客之間的有趣情景。説話者是飯局上的賓客，而這位賓客看到誰是主人時，頗為吃驚。東道主只是被稱為「愛」（第 1、8、11、15、17 行）和「眼光敏鋭的愛」（第 3 行）。

在詩的第一節，「愛」問詩人有甚麼需要（跟詩篇二十三篇 1 節的主題相似）。第二節是「愛」和詩人之間的對話。第 7、9 和 10 行是詩人説的。第 8 和 12 行是「愛」説的，「愛」且在第 11 行微笑。第三節繼續這對話。第 15 和 17 行是「愛」説的。其餘行數都是詩人説的，除了最後一行中，詩人做了其中所指的動作（那是預備我們去體驗詩篇二十三篇 5 節）。

朗讀整首詩。如果你想，可以用不同聲線代表不同的說話者。想像那情景。嘗試代入詩人的角色。到第一節的結尾時，你有甚麼感覺？在第二節的結尾呢？在第三節的結尾呢？

愛

第一節

1 愛示意歡迎我，可是我的靈魂退縮，
2 塵土和罪的罪咎。
3 但眼光敏銳的愛，看出我變得軟弱
4 從我踏進門那刻開始，
5 走近我一點，親切地提問
6 我是否缺乏了甚麼。

第二節

7「一位客人，」我答道：「一位有資格在這裏
　的客人」；
8 愛說：「你就是他了。」
9「我？這個不友善、不知感恩的我？老天啊，

10 我不敢直視你。」
11 愛牽我的手，微笑地回應：
12「你的雙眼不也是我創造的嗎？」

第三節

13「真的，主啊，但我已經跟它們結連；讓我
的羞愧
14 到它該去的地方。」
15「你可知道，」愛說：「是誰背起了這責難？」
16「親愛的，那麼我來服事。」
17「你必要坐下來，」愛說：
「嘗我的肉。」
18 於是我真的坐下進食了。

——喬治．赫伯特

沉浸於上帝的信息裏

語境：在這節經文的意象中，上帝仍然供給我們的

一切所需，包括飲食。令人吃驚的是，上帝在這裏所供給的，不單是保護人免受仇敵傷害，還有另外兩件重要的東西：（1）內裏的平安，以致我們真的能夠在我們的仇敵相伴下進餐；（2）仇敵對我們的尊重，當仇敵看到我們得上帝賞賜，而上帝因我們喜樂。上帝不只供應食物和住處，還有生命的意義和自身的價值。

閱讀這段經文之前，為了安靜自己，集中思緒，慢慢讀這段文字：

> 在默想中，我們是根據上帝的應許，讀所選的經文，相信這段經文無論對我們個人今天的生活，還是我們作為信徒整體，都有特別體己的意義。[1]

非常緩慢地大聲朗讀以下經文。

在我敵人面前，你為我擺設筵席；
你用油膏了我的頭，

使我的杯滿溢。（詩二十三5；《新》）

在敵人面前，你為我擺設盛筵，
待我如上賓，斟滿我的杯……
（詩二十三5；《現修》）

在我敵人面前你為我擺設筵席；
你用油滋潤我的頭；
我的杯滿滿、直溢出來。（詩二十三5；《呂》）

在敵人面前祢為我鋪排筵席，又用油膏抹我的頭，使我的恩福滿溢。
（詩二十三5；《當代聖經譯本》〔下稱《當》〕）

在我對頭面前，
你為我擺設了筵席；
在我的頭上傅油，
使我的杯爵滿溢。

（詩二十三 5；《思高譯本》〔下稱《思》〕）

在我敵人面前，你為我擺設筵席；
你用油膏了我的頭，使我的福杯滿溢。
（詩二十三 5）

再次閱讀經文前，思想：

動作的意思：膏油象徵歡欣喜樂，用於喜慶的時候。膏油往往表明一個人被委派去執行一項特別的任務，例如當撒母耳膏立掃羅和大衛為以色列的王（參撒上十 1，十六 13）。

詞語的意思：**我的福杯滿溢**——慷慨的東道主供應的酒遠多於所需的。杯子似乎是無底的——喝過以後，酒仍很足夠（足夠有餘）。一杯滿滿的酒在面對仇敵時是莫大的幫助。因感到壓力，喉嚨變得乾涸。萬一我們說不出話來，有滿滿的一杯飲料來解困。

設想經文的景象：設想你自己坐在餐桌前。坐在你對面的，是某程度上與你為敵的人：曾經阻礙你的人，令你煩擾的人，令你人生變得艱難的人，看不起你的人。

當你坐在那裏，上帝便來到你身後，開始溫柔地在你在頭上倒油來膏你。這對你的仇敵而言是一個信號，顯明你是受上帝所膏的特別人物，以及你是受保護的。你可能想像上帝的掌心放在你肩上，甚至祂可能親暱地靠向你。你感受到上帝這樣站在你身後嗎？對上帝而言，你不但是特別的，更是有用的——正因如此，你受膏接受一項任務。

再者，上帝靠在你身後，繼續為你注滿你的杯。杯子的邊緣幾乎沒有顯露出來，因為杯子看來都滿溢，注滿你進餐時喜愛喝的飲品。你已經找到你可安歇的水邊——你永不會再覺得口渴。你的仇敵看到上帝給你的供應是何等豐富；你有一切所需，而他或她將不敢攻擊你。當你在難相處的人面前坐下，並且看到你自己的杯滿溢，你可能會得到引導，把你的飲品分一點給那人，因為他或她看來渴了。

當你朗讀經文或向自己讀經文，思想哪個詞語、短語或意象令你產生共鳴。

在我敵人面前，你為我擺設筵席；
你用油膏了我的頭，
使我的杯滿溢。（詩二十三 5；《新》）

在敵人面前，你為我擺設盛筵，
待我如上賓，斟滿我的杯⋯⋯
（詩二十三 5；《現修》）

在我敵人面前你為我擺設筵席；
你用油滋潤我的頭；
我的杯滿滿、直溢出來。（詩二十三 5；《呂》）

在敵人面前祢為我鋪排筵席，又用油膏抹我的頭，使我的恩福滿溢。（詩二十三 5；《當》）

在我對頭面前，

你為我擺設了筵席；
在我的頭上傅油，
使我的杯爵滿溢。（詩二十三5；《思》）

在我敵人面前，你為我擺設筵席；
你用油膏了我的頭，使我的福杯滿溢。
（詩二十三5）

寫下那個引起你注意的詞語、短語或意象。

這些經文給你甚麼感覺？

你有甚麼想法或印象？你聯想到甚麼？你有甚麼疑問，或可能是不贊同的地方？有甚麼事是你意想不到的？

透過經文中那引起你注意的，上帝可能正跟你說甚麼呢？

回應上帝的信息

再讀跟你最有共鳴的聖經譯本中的詩篇二十三篇 5

節，思想它如何帶領你跟上帝對話。

在我敵人面前，你為我擺設筵席；
你用油膏了我的頭，
使我的杯滿溢。（《新》）

在敵人面前，你為我擺設盛筵，
待我如上賓，斟滿我的杯……（《現修》）

在我敵人面前你為我擺設筵席；
你用油滋潤我的頭；
我的杯滿滿、直溢出來。（《呂》）

在敵人面前祢為我鋪排筵席，又用油膏抹我的頭，使我的恩福滿溢。（《當》）

在我對頭面前，
你為我擺設了筵席；

在我的頭上傅油，
使我的杯爵滿溢。(《思》)

在我敵人面前，你為我擺設筵席；
你用油膏了我的頭，使我的福杯滿溢。

在空白的位置寫下你的禱告回應，或把它大聲說出來。開放自己，與上帝對話，讓聖靈溫柔地引領你。如果你不確定要怎樣開始，以下是一些選擇：

◇ 以寫下「當我在餐桌前坐下來……」開始。
◇ 描述一下似乎自己不配得到如此厚待的感覺(正如在赫伯特的詩中那位賓客所感受的)。你願意留在飯桌前，看看會發生甚麼事嗎？

結束禱告之後，再試試這個實驗。

「試用」詩篇：用自信的語氣朗讀這改寫了的 1 至 5 節。如果其中的內容並非如你真心所想，不用擔心。現在是嘗試體驗這概念：在上帝國度裏活出你的人生——無論如何都信靠上帝的國度。

祢真是我的牧者——無論如何。
祢真的供給我一切所需——無論如何。
祢真的讓我躺臥在青草地上，
領我到安靜的水邊——無論如何。
祢真的使我的靈魂甦醒——無論如何。
祢真的引導我走最好的道路，因為祢一向都做對我最好的事——無論如何。
祢真的與我亙在，雖然我經過非常黑暗之地——無論如何。
因為祢與我同在，我不用懼怕——無論如何。
我真的有我一切所需——無論如何。
祢真的安慰我，隨時準備用祢的竿保護我，用祢的杖引導我——無論如何。

祢真的關顧我，關心我有多麼迷茫——無論如何：祢為我和我的仇敵擺設筵席，而且（藉膏我）賞賜我——正正在那人面前！祢供應給我的足夠有餘，讓我振作起來——無論如何。

如果你不能自信地朗讀這段改寫的文字，再嘗試。

與上帝安歇在信息中

你已經讀了這段經文好幾次，你如何經歷到上帝？上帝是怎樣的？反思上帝對你而言是怎樣的。跟上帝談談。

現在坐在飯桌前，沉浸於這想法中：即使仇敵在你面前，自己仍能在那裏毫不害怕，而且挺舒適自在。然後，若你想，多讀一次跟你最有共鳴的那個譯本。給自己時間，沉浸於你在這經文所經歷的。

在我敵人面前，你為我擺設筵席；
你用油膏了我的頭，
使我的杯滿溢。（詩二十三5；《新》）

在敵人面前，你為我擺設盛筵，
待我如上賓，斟滿我的杯……
（詩二十三5；《現修》）

在我敵人面前你為我擺設筵席；
你用油滋潤我的頭；
我的杯滿滿、直溢出來。（詩二十三5；《呂》）

在敵人面前祢為我鋪排筵席，又用油膏抹我的

頭，使我的恩福滿溢。（詩二十三5；《當》）

在我對頭面前，
你為我擺設了筵席；
在我的頭上傅油，
使我的杯爵滿溢。（詩二十三5；《思》）

在我敵人面前，你為我擺設筵席；
你用油膏了我的頭，使我的福杯滿溢。
（詩二十三5）

你可能想：

◇ 坐下來，單單與上帝同「在」。
◇ 為你跟上帝對話時所發生的事而感謝或讚頌。
◇ 以歌唱一首與詩篇二十三篇有關的詩歌（甚或因此跳舞），來敬拜上帝。如果你有一首詩篇二十三篇的詩歌錄音，現在播放吧。合上眼睛，聆聽。

◇ 安歇於這個概念裏：上帝站在你身後，支持你。

◇ 安歇於這個概念裏：上帝以你為樂，也以供給你一切所需為樂。

以這篇禱文結束這次互動：

願今天心裏得著平安。
願我信靠祢，上帝，相信正在我身處之地，祢能在我身上作工。
願我不忘從信而生的無限可能。
願我運用我所得的恩賜，又將那給予我的愛傳開。
願我因知道自己是祢的兒女，就感到滿足。
讓我從骨子裏知道祢的臨在，讓我的心靈可以得自由，歌唱、跳舞、讚美和愛。

—— 小德蘭（改寫）

接下來是享受上帝賜予你生命和氣息的時間。你可能想：

- ◇ 小睡片刻。
- ◇ 散步、遠足、游泳，或做令人放鬆的運動。
- ◇ 試試「坐在門廊」，觀賞鳥類和樹木、或泡按摩浴。
- ◇ 做一項創作活動（使用美術材料、做木工、針黹、珠飾），但不用嘗試完成。
- ◇ 閱讀不嚴肅、助人默想的書籍（不是偵探小說，或一些會佔用你全副精力的書籍）。

默想7

安穩信靠上帝的人生

詩二十三6

詩人談到怎樣與上帝同行，走過可怕的景況。當我們這樣做，我們不會活於恐懼中，繼而會有不一樣的行為。要思想那會是怎麼，再次問你自己這個問題：如果你不害怕，你會怎樣做？是在某些景況中？在整個生命中？你的生命會是怎樣的？誰會得益？

現在，這詩篇進而顯示一幅圖畫，描繪凡事信靠上帝的人的生命是怎樣的。他們安穩存有的模式是這樣的：恩惠（goodness；即那種內在深厚具吸引力的良善）和慈愛從他們身上靜靜地散發出來，因此你喜歡與他們在一起。他們活在上帝的國度裏，所以他們在整個生命中都與居於心內的上帝有穩定的互動。

向上帝的信息開放

請在你往常駐足的地方安頓下來。如果你因為察覺到這是你的最後一課，所以你分心了，為了讓自己平靜下來，留意這課是關於你變成怎樣的人，以及即將回到日常生活中的你，往後會是怎樣（如果上一課的內容仍然影響著你，等一等。你想再做那一課嗎？若是如此，這就是退修者所謂的「重覆」。你可能需要讀得更深入或思考得更寬闊。）

想想一個活在恩惠和慈愛的氛圍下的人，其人生顯然是活於上帝的同在裏。這人可以是你所認識的人、虛構的人物角色，或是你幻想出來的人。

你會用哪個（或兩個、三個）詞語形容那個人？

他或她的生命讓你想到甚麼顏色？

他或她的生命讓你想到甚麼質感（岩石、燈芯絨、大理石）？

在你生命中，你甚麼時候最需要這種安穩存活的模式？

沉浸於上帝的信息裏

語境：6 節是一幅圖畫，描繪了當我們信靠上帝是我們的牧者，並且我們擁有日常生活中所需的一切時，我們的人生會是怎麼樣的。

語調：隨著這詩篇的發展，它採用了較個人化的語調，而且**我**(英文"I"和"me")字變得更突出。

> 在一些別的語境(如詩篇七十七篇這篇哀歌)中，重覆提及自己，聽起來是種不健康的沉迷。不過，在這篇詩篇卻不然。這裏帶有「我」字的說明都是充滿謝意、順服、信靠和感恩的。這個「我」知道無論任何情況，生命都得到這個「你」全面的照顧和解困，祂會回應和預計各樣的需要。有〔上帝〕的生命就是安好和滿足的生命。[1]

閱讀這段經文之前，為了安靜自己，集中思緒，慢慢讀出這段文字：

在默想中，我們是根據上帝的應許，讀所選的經文，相信這段經文無論對我們個人今天的生活，還是我們作為信徒整體，都有特別體己的意義。[2]

非常緩慢地大聲朗讀以下經文。

耶和華是我的牧人，我必不會缺乏。
他使我躺臥在青草地上，
領我到安靜的水邊。
他使我的靈魂甦醒；
為了自己的名，他引導我走義路。
我雖然行過死蔭的山谷，也不怕遭受傷害，
因為你與我同在；
你的杖你的竿都安慰我。
在我敵人面前，你為我擺設筵席；

你用油膏了我的頭，
使我的杯滿溢。
我一生的日子，必有恩惠慈愛緊隨著我；
我也要住在耶和華的殿中，直到永遠。
（詩二十三 1～6；《新》）

祢的美善和不變的恩慈
必終生陪伴著我，
我要在祢殿中與祢同住，
直到永遠。（詩二十三 6；《當》）

我一生一世必有恩惠慈愛隨著我；
我且要住在耶和華的殿中，直到永遠。
（詩二十三 6）

儘我一生的日子
必有福祉和堅愛隨著我；
我必長久

住在永恒主的殿中。（詩二十三 6；《呂》）

再次閱讀這段經文前，思想以下各項。

詞語的意思：**恩惠**這個詞所包含的每個意思都是正確的，而它常被譯為「佳美的」（"pleasant"）或「欣喜的」（"delightful"）。[3]

詞語的意思：**慈愛**（mercy）常被譯作「愛」（"love"）或「堅定不變的愛」（"steadfast love"）。這本是希伯來文裏的 *hesed* 或 *chesedh*，是個很廣闊的概念，沒有一個英文詞語能夠把它準確地翻譯出來。*Hesed* 包括了仁愛、慈愛、堅定的忠心和真理這些概念。上帝滿有 *hesed*，這在多篇經文裏被形容為是遍地滿了、何等的大、從亙古到永遠、奇妙的、飽得、永遠長存、拯救人、和吸引人的（參詩三十三 5，一〇三 11、17，十七 7，九十 14，一三六 1，八十五 7；耶三十一 3）。當我們信靠上帝會供給我們一切所需，我們便在上帝的 *hesed* 的氛圍下活出我們的生命。

概念：恩惠慈愛**隨著我**。當有人離開房間，他們便會留下一種氛圍或痕迹：平安或騷動，解決或紛爭，喜樂或沮喪，愛或恨惡。信靠上帝是他們的牧者的人，會留下恩惠（吸引人的內在深厚的良善）和慈愛（幫助別人和原諒過錯）的痕迹。他們曾經在其中的房間，是個令人自在一點的地方。比較5節，詩人現在「不再被他的敵人擊倒，而是確實被上帝的恩惠跟隨著。再者，這不是個暫時的情況，而是將會成為他整個人生的特質」。[4]

詞語的意思：住在耶和華的殿中，直到永遠——信靠上帝和上帝供應的人，過著持續、持久和平穩安好的生活。他們「與上帝時常聯合」，[5] 與上帝團契，住在上帝的愛、喜樂和平安裏。他們心靈的這種安穩態度是一份信靠。

進入經文中：你可能想像自己正在做一些讓你覺得又好、又正確、又真實的事，亦令你大大喜樂。你會為這樣的人生配上甚麼顏色？

你可能會猜想，在恩惠和深厚的恩慈的氛圍下過活，是甚麼感覺。你會為有安穩信靠態度的人生，配上甚麼顏色？

你可能會猜想，在生活中與上帝時常同在（住在其中），是甚麼感覺。你會為有安穩信靠態度的人生，配上甚麼顏色？

這些顏色告訴你關於這樣的人生的甚麼事情？

當你讀這段聖經經文，試思想哪個詞語、短語或概念引起你的注意或跟你有共鳴，特別是 6 節的。

耶和華是我的牧人，我必不會缺乏。
他使我躺臥在青草地上，
領我到安靜的水邊。
他使我的靈魂甦醒；
為了自己的名，他引導我走義路。
我雖然行過死蔭的山谷，也不怕遭受傷害，
因為你與我同在；
你的杖你的竿都安慰我。
在我敵人面前，你為我擺設筵席；
你用油膏了我的頭，
使我的杯滿溢。
我一生的日子，必有恩惠慈愛緊隨著我；
我也要住在耶和華的殿中，直到永遠。
（詩二十三 1～6；《新》）

祢的美善和不變的恩慈
必終生陪伴著我，
我要在祢殿中與祢同住，
直到永遠。（詩二十三6；《當》）

我一生一世必有恩惠慈愛隨著我；
我且要住在耶和華的殿中，直到永遠。
（詩二十三6）

儘我一生的日子
必有福祉和堅愛隨著我；
我必長久
住在永恆主的殿中。（詩二十三6；《呂》）

寫下那個引起你注意的詞語、短語或概念。

這些經文給你甚麼感覺？

你有甚麼想法或印象？你聯想到甚麼？你有甚麼疑問，或可能是不贊同的地方？有甚麼事是你意想不到的？

透過經文中那引起你注意的，上帝可能正跟你説甚麼呢？

回應上帝的信息

再讀跟你最有共鳴的 6 節的譯本，思想它如何帶領你跟上帝對話。

耶和華是我的牧人，我必不會缺乏。
他使我躺臥在青草地上，
領我到安靜的水邊。
他使我的靈魂甦醒；
為了自己的名，他引導我走義路。
我雖然行過死蔭的山谷，也不怕遭受傷害，

因為你與我同在；
你的杖你的竿都安慰我。
在我敵人面前，你為我擺設筵席；
你用油膏了我的頭，
使我的杯滿溢。
我一生的日子，必有恩惠慈愛緊隨著我；
我也要住在耶和華的殿中，直到永遠。
（詩二十三 1～6；《新》）

祢的美善和不變的恩慈
必終生陪伴著我，
我要在祢殿中與祢同住，
直到永遠。（詩二十三 6；《當》）

我一生一世必有恩惠慈愛隨著我；
我且要住在耶和華的殿中，直到永遠。
（詩二十三 6）

儘我一生的日子

必有福祉和堅愛隨著我；

我必長久

住在永恆主的殿中。（詩二十三6；《呂》）

在空白的位置寫下你的禱告回應，或把它大聲說出來。如果你不確定要說些甚麼，跟上帝談談這節所描述的恩惠、慈愛和一直聯合的生活。你想要嗎？要怎樣才可以得到？開放自己，與上帝對話，讓聖靈溫柔地引領你。

現在以整篇詩篇向上帝禱告，如有需要便加上短語。[6]你不必用上每一行詩句來祈禱，也不必順著次序來祈禱。以下是一些作起首的例句：

◇「上帝啊，祢是我的牧者。祢……」

◇「祢供給我一切所需（**何時**或**怎樣**或**因為**）……」

◇「祢使我躺臥在青草地上（**彷如**或**何時**）……」

◇「祢領我在可安歇的水邊（**彷如**或**何時**）……」

◇「祢使我的靈魂甦醒（**每次**或**何時**）……」

◇「祢引導我走可行的最好道路（**祢會這樣做嗎？**）。」

◇「當我經過黑暗之地，祢與我同在（**彷如**或**幫助我做到**）……」

◇「我不怕遭害，啊，上帝，因為祢與我同在。（**我知道，因為**，或**幫助我知道**）……」

◇「祢的保護和引導，保我安全。（**當……我見過這事**，或**當……我需要見到這事**）」

◇「即使當我身邊有如此難相處的人，祢（**以……賞賜我**，或**滿足我一切所需**）……」

◇「我有信心，祢美好的恩惠和深厚的慈愛（**將會充滿我**，或**將會環繞我**）……」

◇「我十分慶幸，有祢永遠作我心靈的同行者。」

與上帝安歇在信息中

你已經讀了這段經文好幾次，你如何經歷到上帝？上帝是怎樣的？回想上帝對你而言是怎樣的。是滿有平安或騷動？解決或紛爭？喜樂或苦惱？愛或恨惡？跟上帝談談。

給自己時間，沉浸於 6 節中跟你有共鳴——關於上帝或你的疑問、新概念和解釋——的詞語、短語，或概念。回顧一下。沉浸其中。讓這些東西一直沉澱到你實際的生活裏。坐下片刻，細想所知道的事。你可能想：

◇ 坐下來，單單與上帝同「在」。

◇ 為你跟上帝對話時所發生的事而感謝或讚頌。

◇ 以歌唱一首與詩篇二十三篇有關的詩歌（甚或為此跳舞），來敬拜上帝。如果你有一首詩篇二十三篇的詩歌錄音，現在播放吧。合上眼睛，聆聽。

◇ 安歇於這個概念裏：上帝以你為樂，也以看顧你為樂。

以這禱告結束這次互動：

願今天心裏得著平安。
願我信靠祢，上帝，相信正在我身處之地，祢
　　能在我身上作工。
願我不忘從信而生的無限可能。
願我運用我所得的恩賜，又將那給予我的愛
　　傳開。
願我因知道自己是祢的兒女，就感到滿足。
讓我從骨子裏知道祢的臨在，叫我的心靈可以

得自由，歌唱、跳舞、讚美和愛。

——小德蘭（改寫）

離開退修的地方前，稍停一下。為這段稍長的時間，感謝上帝。你就近居所時，開始想像可能在那裏的人，他們需要從你得到甚麼，而你的任務會是甚麼。為這些人感謝上帝，求上帝幫助你迎接他們。當你到達，盡可能保持緩慢地活動。

當你回家時，也細想有甚麼事物對你的個人退修起了良好的作用（地點、環境、時間），以致你下次退修會更自然地在上帝裏面休息。別忘記繼續反思這退修的經歷。你最好的一些領悟可能尚未出現。

註釋

前言：為甚麼退修？為上帝騰出空間

1. David Takle, *The Truth About Lies and the Lies About Truth*（Pasadena, CA: Shepherd's House, 2008）, 174.
2. Takle, *The Truth About Lies and the Lies About Truth*, 174.
3. Lynne Baab, "A Day Off from God Stuff", *Leadership Journal*, Spring 2007, http://www.christianitytoday.com/le/2007/002/18.34.html.

默想 1：上帝真的供應我所需的一切？

1. 這是登山寶訓的摘要。
2. Walter Brueggeman, *The Message of the Psalms: A Theological Commentary*（Minneapolis: Augsburg, 1984）, 152，強調為後加的。
3 Dietrich Bonhoeffer, *Life Together*（New York: Harper & Row, 1954）, 82.（中譯本：潘霍華著：《團契生活》，鄧肇明譯〔香港：基督教文藝出版社，1999〕，頁 85。）
4. Phillip Keller, *A Shepherd Looks at Psalm 23*, large print edition

(Grand Rapids, MI: Zondervan, 1970), 31.
5. Brueggeman, *The Message of the Psalms*, 155.

默想 2：信靠上帝使靈魂甦醒

1. Dietrich Bonhoeffer, *Life Together* (New York: Harper & Row, 1954), 82.（中譯本：潘霍華著：《團契生活》，鄧肇明譯〔香港：基督教文藝出版社，1999〕，頁 85。）
2. A. A. Anderson, *The New Century Bible Commentary, Psalms (1～72)* (Grand Rapids, MI: Eerdmans, 1972), 195.
3. Phillip Keller, *A Shepherd Looks at Psalm 23* (Grand Rapids, MI: Zondervan, 1976), 50～51.
4. Keller, *A Shepherd Looks at Psalm 23*, 35.
5. Anderson, *The New Century Bible Commentary, Psalms*, 195.
6. F. Delitzsch, *Commentary on the Old Testament in Ten Volumes*, vol. V Psalms (Grand Rapids, MI: Eerdmans, 1973), 330.

默想 3：信靠上帝的帶領

1. Dietrich Bonhoeffer, *Life Together* (New York: Harper & Row, 1954), 82.（中譯本：潘霍華著：《團契生活》，鄧肇明譯〔香港：基督教文藝出版社，1999〕，頁 85。）
2. A. A. Anderson, *The New Century Bible Commentary, Psalms (1～72)* (Grand Rapids, MI: Eerdmans, 1972), 195.
3. Dallas Willard, *The Divine Conspiracy: Rediscovering Our Hidden Life in God* (San Francisco: HarperSanFrancisco,

1998）, 145，描述 *dikaiosune* 一字，即是希伯來文 *tseh'-dek*（詩二十三 3）一般被譯作希臘文時的翻譯。

4. H. C. Leupold, *Exposition of the Psalms*（Grand Rapids, MI: Baker, 1972）, 212.

默想 4：在幽谷中信靠上帝

1. N. T. Wright, *Following Jesus*（Grand Rapids, MI: Eerdmans, 1994）, 66.
2. Walter Brueggeman, *The Message of the Psalms: A Theological Commentary*（Minneapolis: Augsburg, 1984）, 154.
3. Dietrich Bonhoeffer, *Life Together*（New York: Harper & Row, 1954）, 82.（中譯本：潘霍華著：《團契生活》，鄧肇明譯〔香港：基督教文藝出版社，1999〕，頁 85。）
4. H. C. Leupold, *Exposition of the Psalms*（Grand Rapids, MI: Baker, 1969）, 212.
5. Brueggeman, *The Message of the Psalms*, 155～156.

默想 5：相信上帝與我同在

1. Dietrich Bonhoeffer, *Life Together*（New York: Harper & Row, 1954）, 82.（中譯本：潘霍華著：《團契生活》，鄧肇明譯〔香港：基督教文藝出版社，1999〕，頁 85。）
2. Phillip Keller, *A Shepherd Looks at Psalm 23*, large print edition（Grand Rapids, MI: Zondervan, 1970）, 97.
3. Keller, *A Shepherd Looks at Psalm 23*, 95.

4. Keller, *A Shepherd Looks at Psalm 23*, 93～94.
5. Jan Johnson, *Invitation to the Jesus Life: Experiments in Christlikeness*（Colorado Springs, CO: NavPress, 2008）, 17. 也參頁 29～41。

默想 6：在與我為敵的人面前信靠上帝

1. Dietrich Bonhoeffer, *Life Together*（New York: Harper & Row, 1954）, 82.（中譯本：潘霍華著：《團契生活》，鄧肇明譯〔香港：基督教文藝出版社，1999〕，頁 85。）

默想 7：安穩信靠上帝的人生

1. Walter Brueggeman, *The Message of the Psalms: A Theological Commentary*（Minneapolis: Augsburg, 1984）, 156.
2. Dietrich Bonhoeffer, *Life Together*（New York: Harper & Row, 1954）, 82.（中譯本：潘霍華著：《團契生活》，鄧肇明譯〔香港：基督教文藝出版社，1999〕，頁 85。）
3. W. E. Vine, Merrill F Unger, William White Jr., *Vine's Expository Dictionary of Biblical Words*（Nashville: Thomas Nelson, 1985）, 99.
4. A. A. Anderson, *The New Century Bible Commentary, Psalms（1～72）*（Grand Rapids, MI: Eerdmans, 1972）, 199.
5. Anderson, *The New Century Bible Commentary, Psalms*, 199.
6. 這個過程被魯益思（C. S. Lewis）形容為「結彩」（"festooning"）。參 C. S. Lewis, *Letters to Malcolm*（New York: Harcourt Brace and Company, 1964）, 24。

作者簡介

簡．約翰遜（Jan Johnson）的著作約有十九本，其中包括 *Savoring God's Word* 和 *When the Soul Listens*，也發表了超過一千篇雜誌文章和研經文章。她是位講者、教師和屬靈導師，與丈夫居於美國加州（California）西米谷（Simi Valley）。她取得教牧學博士學位，主修依納爵靈修學與屬靈導引，主要的寫作題目是靈命塑造。個人網頁為 www.janjohnson.org。